BAUSTEINE

Sachunterricht 1

Neubearbeitung

Herausgegeben von
Beate Drechsler-Köhler

Erarbeitet von
Gudrun Aulke, Wolfgang Haas,
Gabriele Hinze, Werner Lüftner,
Rainer Mues, Dieter Mutschler
und Gisela Papstein

Verlag Moritz Diesterweg
Frankfurt am Main

INHALT

Symbole:

- Ausschneiden und Einkleben
- Beobachten
- Erkunden
- Etwas herstellen
- Experimentieren
- Malen
- Schreiben

IN DER KLASSE

1 Die Schulsituation mit der Kindergartensituation vergleichen.

2 Was machen die Kinder? Was lernen sie?

MEINE SCHULE

1

1 Besprechen, was in den Räumen geschieht.
Die eigene Schule erkunden.

16 x 7 =
26 x 11
20 cm
J i
Ee

SCHULWEG

1 Situationen einschätzen: Was ist gefährlich? Was ist nicht gefährlich?
2 Zeichen verstehen und unterscheiden: verkehrsbezogene – nicht verkehrsbezogene.
3 Besprechen, wie die beiden Kinder (siehe Pfeil) auf einem sicheren Weg zur Schule kommen.
4 Über den eigenen Schulweg sprechen.

Sicher zur Schule

So kommen die Kinder zur Schule:

1

zu Fuß	mit dem Fahrrad	mit dem Bus	mit dem Auto
☐ Kinder	☐ Kinder	☐ Kinder	☐ Kinder

Gefahren auf dem Schulweg

2

1 Eintragen, wie viele Kinder der Klasse zu Fuß, mit dem Fahrrad (Roller), mit dem Bus kommen oder mit dem Auto gebracht werden.

2 Die Bilder, auf denen Kinder gefährdet sind, mit einem Gefahrenzeichen versehen.

1 Woran erkennt man, dass dies ein Herbstbild ist? Pflanzen, Tiere, Menschen beschreiben.

Sport-
artikel
Bäckerei
Café
Apfel-
kuchen
MÖHREN
PORREE
ÄPFEL
KÜRBIS
KARTOFFELN
ROTKOHL
BLUMENKOHL
ASTERN

Ahorn, Buche, Eiche, Kastanie

1

2 Blatt und Frucht sind von:

 ______________________

 ______________________

 ______________________

 ______________________

1 Puzzleteile von Seite 63 einkleben.
2 Namen der Bäume eintragen.

Basteln mit Blättern und Früchten

Sammle bunte Blätter und Früchte des Herbstes! 1

1 Blätter und Früchte von Bäumen sowie andere Naturmaterialien sammeln und etwas daraus basteln.

Der Apfel

1

2 Was aus einem Apfel werden kann:

1 Äpfel mitbringen und vergleichen. Äpfel aufschneiden, betrachten und probieren.
2 Apfelprodukte von Seite 63 auswählen und einkleben.

Obst und Gemüse

Obst

Apfel

Birne

Trauben

Pflaume

Gemüse

Paprika

Tomate

Gurke

Kürbis

1 Bilder von Seite 65 zuordnen und einkleben.

KLEIDUNG

1 Was ziehe ich an?

2

1 Wetterbilder betrachten.
2 Kleidungsstücke den Wetterbildern zuordnen.

Probiere aus! Was stellst du fest?

1

Du brauchst:

1 Im Versuch herausfinden, dass manche Materialien kein Wasser aufnehmen.
2 Besprechen, welche Kleidungsstücke bei Regen schützen. **3** Weitere Materialien ausprobieren.

ICH UND DIE ANDEREN

1 Mit den Kindern über die Schulhofsituation sprechen.

2 Die Kinder sollen sich entscheiden und begründen: Wo möchtest du gerne mitmachen? Wo würdest du nicht mitmachen? Wer möchtest du nicht sein?

MEIN KÖRPER

Arm	Bein	Hand	Fuß
Kopf	Bauch	Brust	
Hals	Po	Rücken	Knie

1 Körperteile benennen.
2 Körperteile an einem Partner zeigen.
3 Körperteile vergleichen.

Körper sehen unterschiedlich aus

1 Welche Kinder sind Jungen, welche Mädchen? Entscheiden und begründen.

Gelenke

1

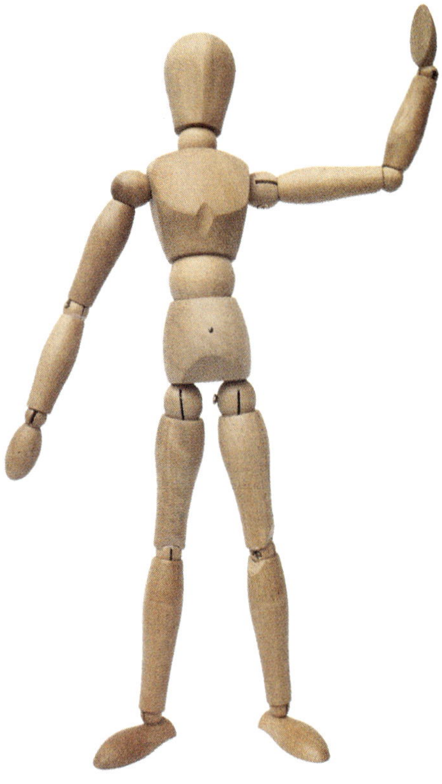

Viele Gelenke
machen einen
Körper beweglich.

2 Bewege dich wie diese Tiere!

1 An der Abbildung Gelenke einkreisen. Gelenke am eigenen Körper auffinden und ausprobieren.
2 Sich wie die Tiere bewegen.

So wichtig sind deine Gelenke!

1

Schütze deine Gelenke!

2

1 Ausprobieren wie es ist, wenn man ein Gelenk des Körpers nicht mehr bewegen kann.
2 Welche Gelenke werden hier besonders geschützt?

Ein Adventsfenster

1 Anhand der Abbildung die Vorgehensweise besprechen. Rahmen aus Zweigen zusammenbinden. Individuelle Ausgestaltung der Rahmen mit den gesammelten Materialien.

Selbst gemachte Geschenke

Engel

Schneemann

Mooskugel

1 Materialauswahl und Arbeitsschritte besprechen. Gestaltungsvorschläge der Kinder aufnehmen. Überlegen, wem man mit diesen Geschenken eine Freude bereiten könnte.

EIN NEUES JAHR

1

2

Januar 200

Montag	Dienstag	Mittwoch	Donnerstag	Freitag	Samstag	Sonntag

Der Januar ist der erste Monat im Jahr.

3 Heute ist der: ____ . ____ . ____

Tag Monat Jahr

Morgen ist der: ____ . ____ . ____

1 Zahlen in das Kalenderblatt eintragen.
Nachschauen, an welchem Wochentag der erste Januar war.

2 Freie Tage gelb einkreisen. Abzählen, an wie vielen Tagen Schule ist.

3 Das Datum von heute und morgen als Zahl eintragen.

Ein Jahr hat 12 Monate

1. Monat
Januar

2. Monat
Februar

3. Monat
März

4. Monat
April

5. Monat
Mai

6. Monat
Juni

7. Monat
Juli

8. Monat
August

9. Monat
September

10. Monat
Oktober

11. Monat
November

12. Monat
Dezember

Mein Geburtstag ist am ____ . ______________ .
Tag Monat

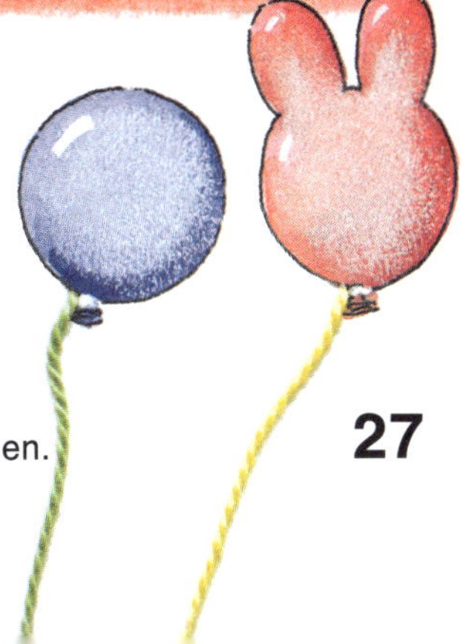

1 Die fehlenden Bilder von Seite 63 einkleben. **2** Geburtstagsmonat rot einrahmen.
3 Geburtstagsdatum aufschreiben.

EIS UND SCHNEE

1 2

Raureif

Hagel

1 Erfahrungen und Erlebnisse der Kinder mit Eis und Schnee besprechen. Die Begriffe *Eis* und *Schnee* eintragen.
2 Die Bilder von Seite 73 einkleben. **3** Die Eigenschaften verschiedener Erscheinungsformen von Wasser beschreiben. **4** Erzählen, wann und wie Eiszapfen entstehen.

Schneeflocken

Schneeflocken aus Papier

1 Schneeflocken im Freien unter der Lupe betrachten und Gemeinsamkeiten herausfinden.
2 Nach der Abbildung weiße, runde Papierscheiben falten, einschneiden, entfalten und die Schneeflocken auf dunkles Tonpapier kleben oder an Fäden aufhängen.

Alles Wasser?

1

2

Aus Schnee wird ______________.

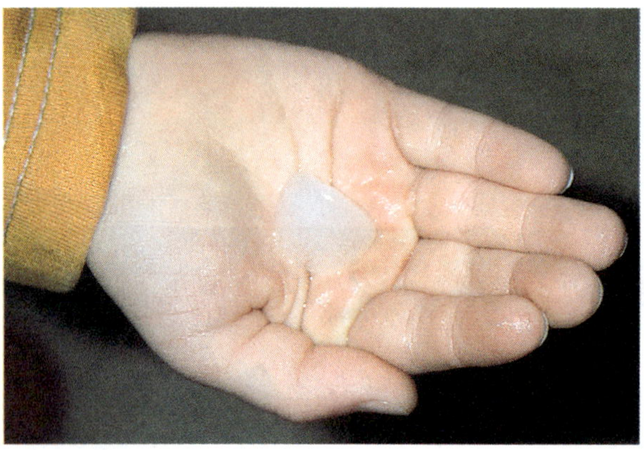

Aus Eis wird ______________.

3

1 Fotos betrachten und Vermutungen anstellen. Versuche durchführen.
2 Versuchsbeobachtungen einzeichnen. Das Wort *Wasser* jeweils eintragen.
3 Zu den Bildern eine Geschichte erzählen. Erklären, warum der Schneemann geschmolzen ist.

Versuch 1

Versuch 2

Versuch 3

1 Transparente Jogurtbecher bis zu einer Markierung mit Wasser füllen. Über Nacht ins Tiefkühlfach stellen. Vermutungen anstellen.

1, 2, 3 Versuche durchführen und Beobachtungen einzeichnen. Nach Erklärungen suchen.

WINTER

1 Woran erkennt man, dass dies ein Winterbild ist? Pflanzen, Tiere, Menschen beschreiben.

2 Mit dem Herbstbild auf Seite 10/11 vergleichen.

Vögel im Winter

1

Kohlmeise

Rotkehlchen

Buchfink

Spatz

Sp ______________ K ______________

Bu ______________ R ______________

2 Im Winter plustern die Vögel ihr Federkleid auf.
Sie schützen sich vor der Kälte.

warm kalt sehr kalt

1 Die Namen der Vögel zuordnen und eintragen.
2 Bilder von Seite 67 einkleben.

Die Kohlmeise

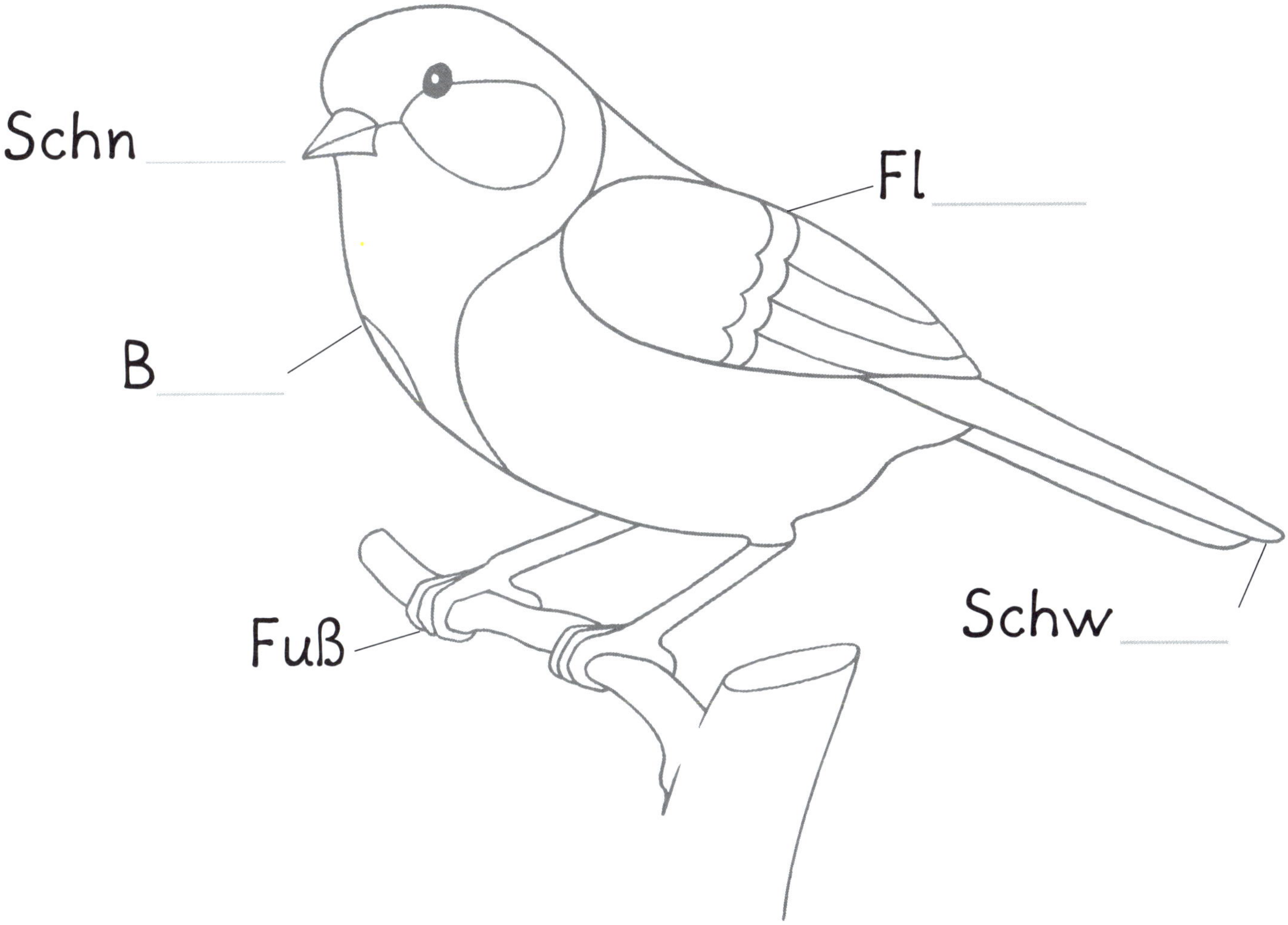

Brust, Flügel, Schnabel, Fuß, Schwanz

1 Körperteile des Vogels benennen und eintragen.
2 Die Kohlmeise in den richtigen Farben anmalen.

Alles Müll – oder?

1 Die Behälter in der entsprechenden Farbe anmalen.
2 Überlegen, aus welchen Materialien die Gegenstände bestehen. Gegenstände mit den passenden Behältern verbinden.

Bastelzeit für Müllmonster

Aus Müll kann man viele Sachen basteln. Hast du noch andere Ideen? 1

Kleiderbügel-Kling-Klang

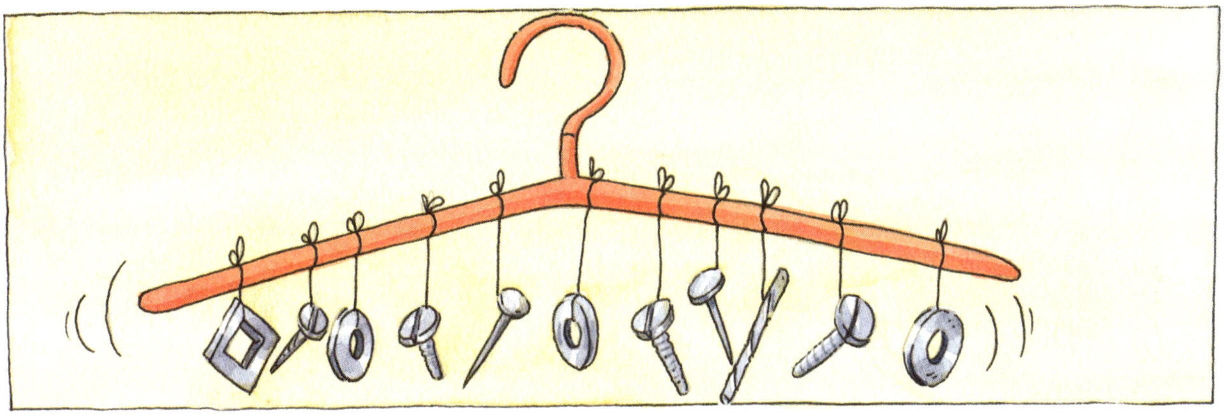

Eskimo-Spiel

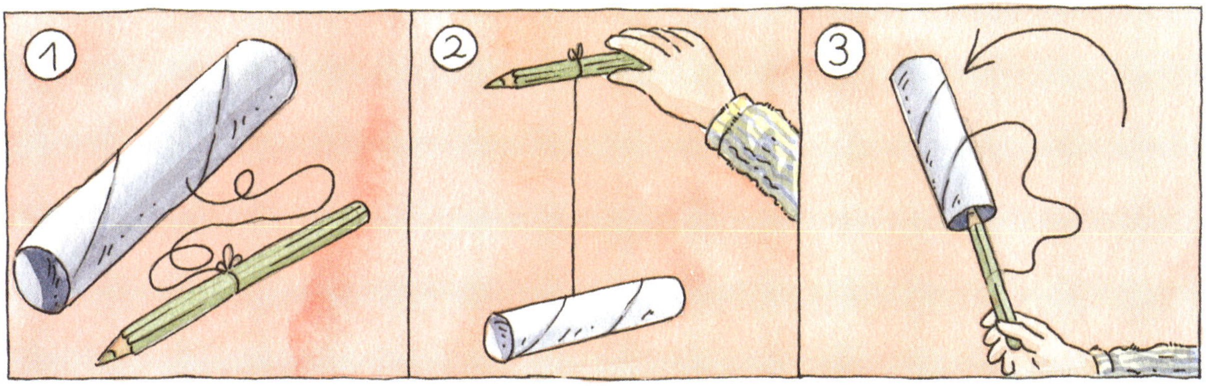

Kronkorken-Rassel

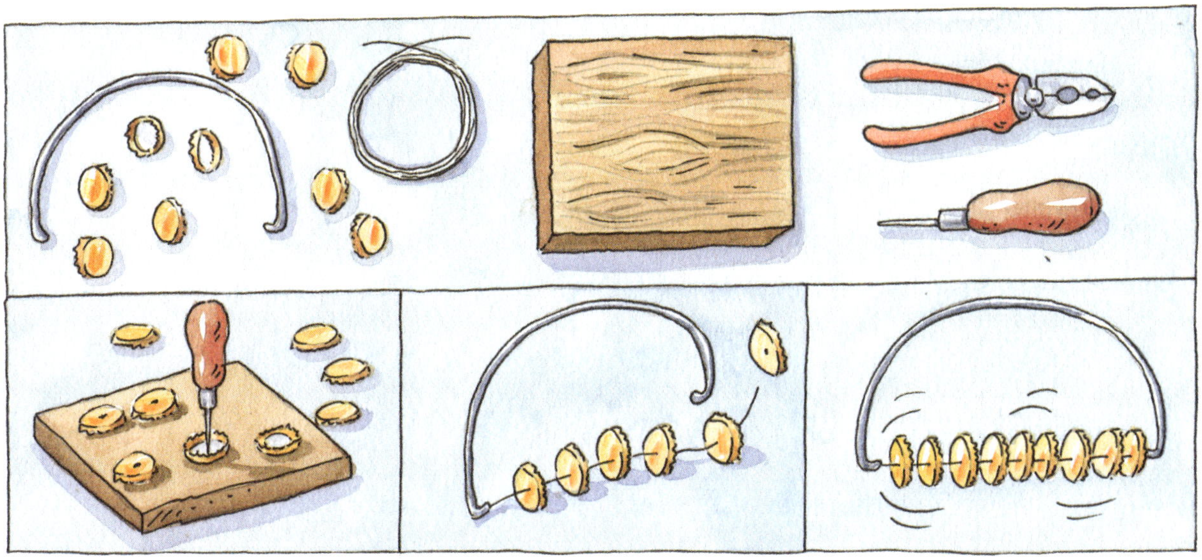

1 Aus Abfallmaterial verschiedene Dinge basteln.
Die Spiele ausprobieren.

SPIELE UND REGELN

1

2

3

Mein Lieblingsspiel

Das spielen wir am liebsten:

1. Spiel: ____________________

2. Spiel: ____________________

3. Spiel: ____________________

1 Die unterschiedlichen Spielsituationen besprechen.
2 Das eigene Lieblingsspiel malen und eventuell den Namen dazuschreiben.
3 Die beliebtesten Spiele in der Klasse ermitteln: Strichlisten aufstellen oder Ziffern eintragen.

Miteinander spielen

Wer darf anfangen?

1

Alle wollen mitspielen

2

Wie kann es weitergehen?

3

1 Verschiedene Möglichkeiten, wie Kinder ausgewählt werden, besprechen.
2 Überlegen, warum ein Spiel manchmal keinen Spaß macht.
3 Bilder von Seite 67 besprechen, zwei Möglichkeiten auswählen und einkleben.

Herbst

Sommer

Spielanleitung siehe Seite 77.

Winter

Frühling

Spiele-Nachmittag

1 Die verschiedenen Spiele besprechen. Spielregeln erklären.

2 Die Spiele ausprobieren. 3 Weitere Spielideen sammeln.

Das Meerschweinchen

1 Ordne zu und schreibe auf:
Fell, Nase, Tasthaare, Ohr, Auge, Schnauze.

Für das Meerschweinchen brauchst du einen Käfig.
Er wird mit Stroh ausgelegt.
Du musst den Käfig mindestens einmal in der Woche sauber machen.

2

1 Körperteile zuordnen und eintragen.
2 Besprechen, was das Meerschweinchen frisst.

Fische im Aquarium

 1

Womit richtest du ein Aquarium ein? Kreuze an! 2

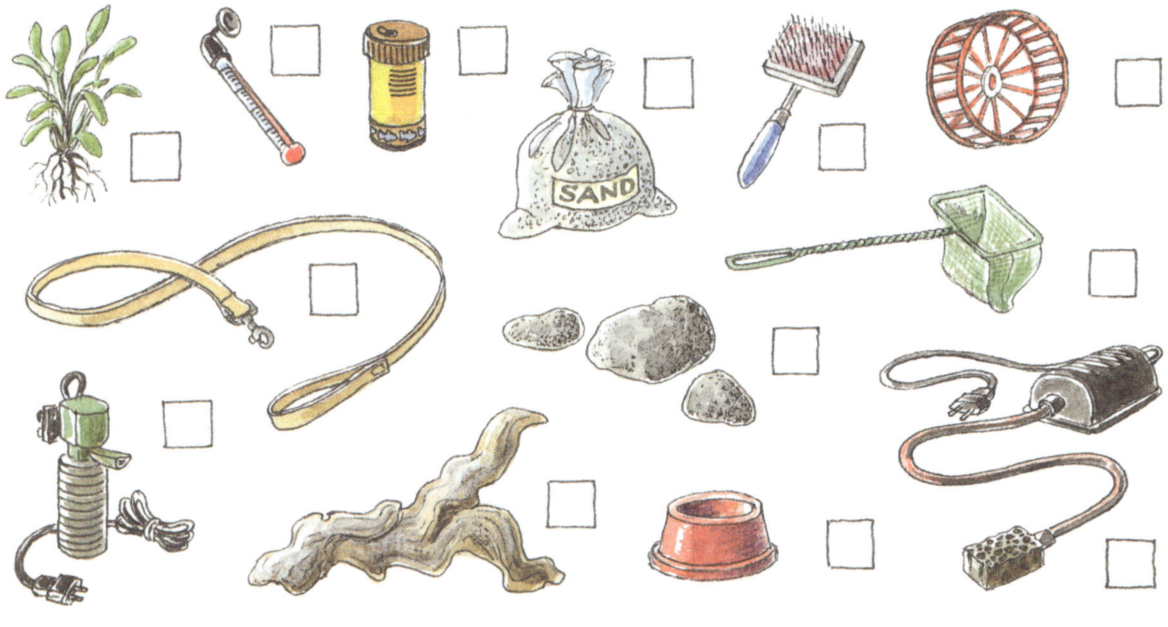

Fische brauchen sauberes Wasser.
Einige brauchen besonderes Futter.
Nicht alle Fische vertragen sich miteinander.
Du kannst in einer Zoohandlung fragen.

1 Die Einrichtung eines Aquariums besprechen.
2 Ankreuzen, was für das Aquarium benötigt wird.

Die Katze

1

Die Katze ist ein eigenwilliges Tier.
Sie will viel schlafen und nicht immer spielen.
Katzen putzen sich oft.
Sie trinken gerne Milch, werden aber davon krank!

Die Katzensprache

2

Ich fühle mich wohl. Ich habe etwas vor. Lass mich in Ruhe!

1 Darüber sprechen, was eine Katze will und braucht.
2 Über das Verhalten der Katze sprechen. Die Bilder von Seite 73 einkleben.

Der Hund

1

Ein Hund kann ein treuer Freund sein.
Du musst mehrmals täglich mit ihm spazieren gehen.
Er kann vieles lernen und dem Menschen helfen.
Fasse fremde Hunde nicht an!

Die Hundesprache

2

Ich bin zufrieden.	Ich habe Angst.	Nimm dich bloß in Acht!

1 Überlegen, warum viele Menschen einen Hund halten.
Über den besonderen Einsatz von Hunden sprechen (Blindenhunde u. a.).
2 Über das Verhalten von Hunden sprechen. Die Bilder von Seite 73 einkleben.
3 Die Haltung verschiedener Haustiere miteinander vergleichen.

FRÜHLING

1 Woran erkennt man, dass dies ein Frühlingsbild ist? Pflanzen, Tiere, Menschen beschreiben.

2 Mit dem Herbstbild (Seite 10/11) und dem Winterbild (Seite 32/33) vergleichen.

Suchen und entdecken

1

2

1 Bildsituationen besprechen. Eine Erkundung in der Schulumgebung vorbereiten.
2 Im Nahraum der Schule Tiere und Pflanzen suchen und beobachten.
Die Namen der Tiere und Pflanzen mithilfe von Bestimmungsbüchern herausfinden.

Schnecken beobachten

Ordne zu und schreibe: Haus, Fuß, Mund. 1

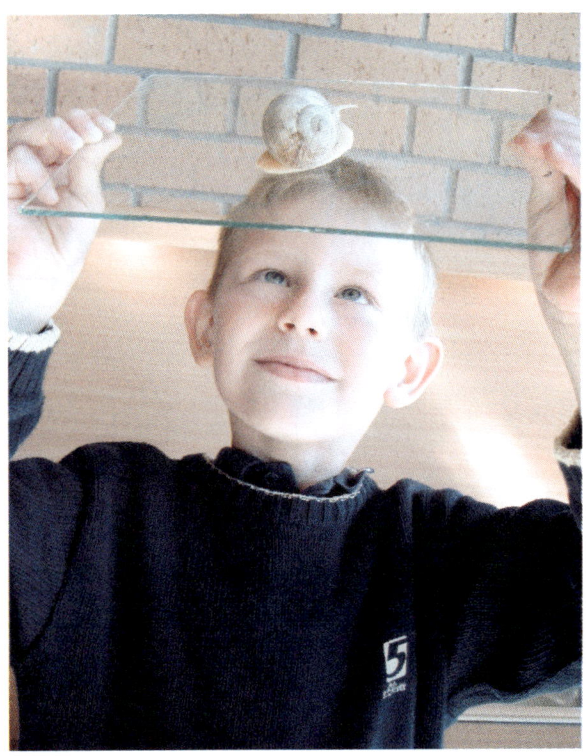

2

1 Körperteile zuordnen und eintragen.
2 Beobachten, wie sich eine Schnecke bewegt und was sie frisst.

Das Gänseblümchen

1 Ordne zu und schreibe: Stängel, Blüte, Blatt, Knospe.

2

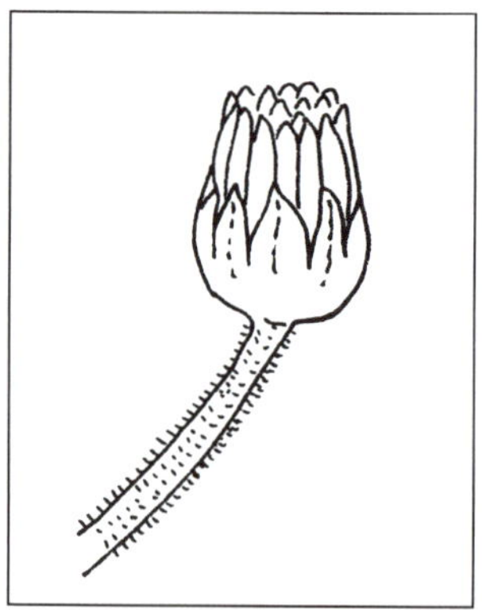

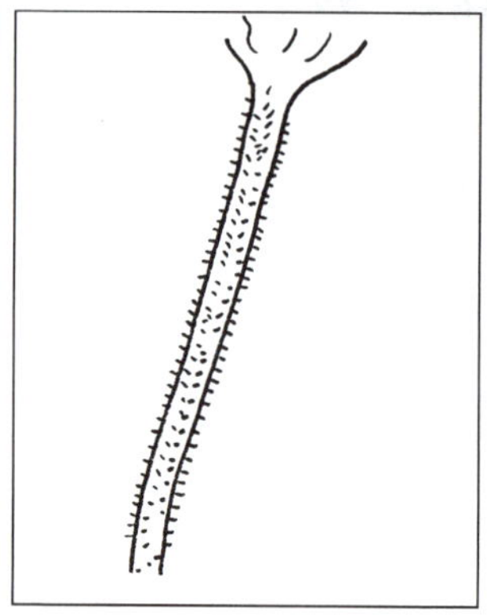

3

4

Gänseblümchen bei Sonne

Gänseblümchen bei Regen

1 Teile des Gänseblümchens benennen und Begriffe eintragen. **2** Pflanzenteile anmalen. **3** Gänseblümchen im Freien beobachten. **4** Bilder von Seite 67 zuordnen und einkleben.

Ein Garten in der Kiste

Du brauchst:

So machst du es:

1 Überlegen, was zur Anlage eines Gartens in der Kiste gebraucht wird.
2 Arbeitsschritte besprechen und Bilder von Seite 75 einkleben. 3 Garten anlegen und pflegen.

MEINE ZÄHNE

1 

2 Ich habe [ ] Zähne.

________ hat [ ] Zähne.

Zähne richtig putzen

3
4
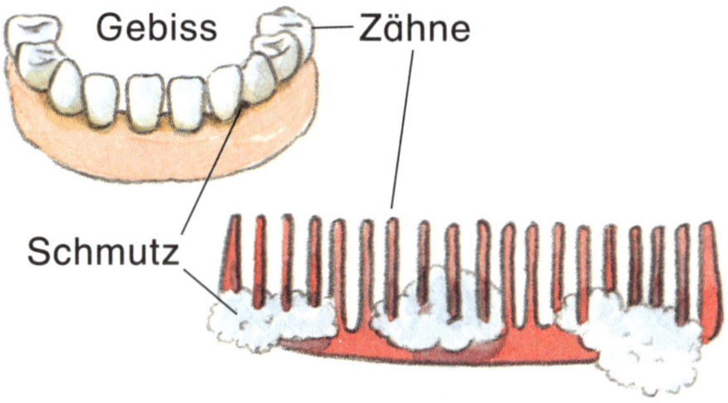

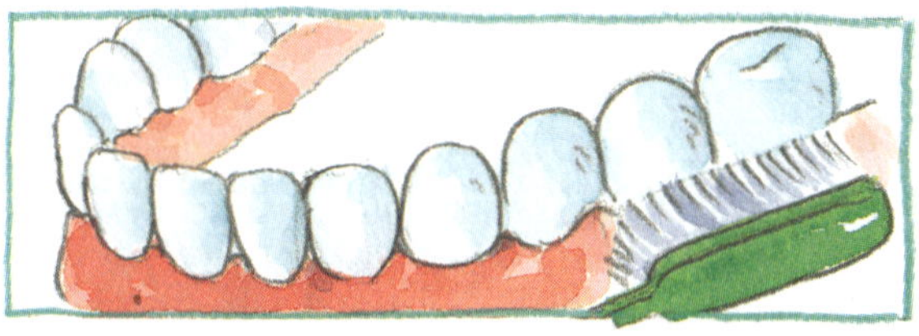

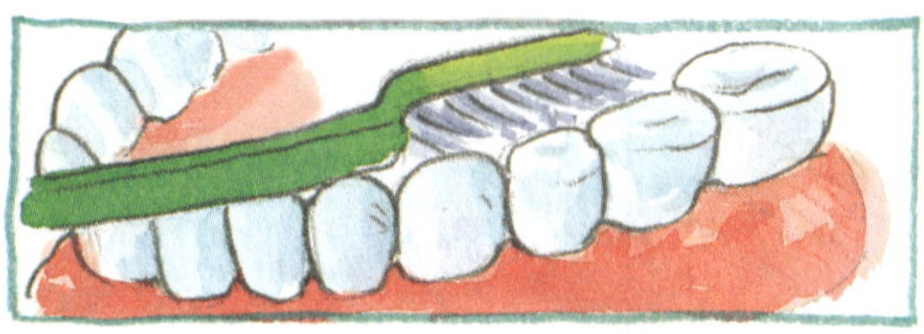

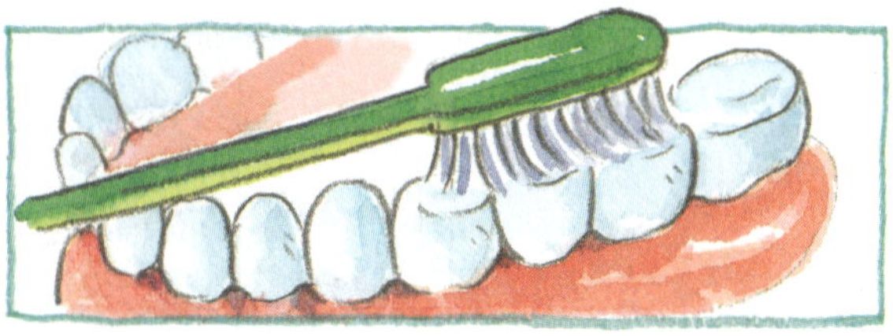

1 Vom Wackeln, Herausreißen und Aufbewahren von Milchzähnen erzählen.
2 Anzahl der eigenen Zähne und der Zähne eines anderen Kindes bestimmen und eintragen.
3 Versuch mit Kamm durchführen. **4** Richtiges Zähneputzen üben (siehe Abbildung).

Verschiedene Zähne

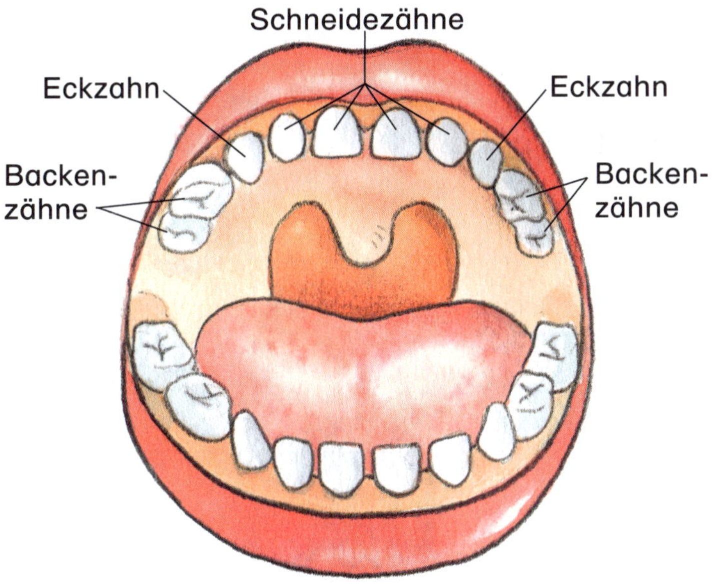

Schneidezahn

Backenzahn

Schneidezähne können gut abbeißen.

Backenzähne können gut kauen.

Welche Zähne brauchst du zum Essen von ...?

1 Bilder von Schneidezahn und Backenzahn von Seite 75 einkleben.
2 Ausprobieren, welche Zähne man zum Essen verschiedener Nahrungsmittel braucht.
3 Eintragen, welche Zähne (Sch/B) zum Essen der abgebildeten Nahrungsmittel benutzt werden.

LÖWENZAHN

Der Löwenzahn blüht gelb.
Er hat gezackte Blätter.
Im Stängel ist weißer Saft. Der Saft ist giftig.

1

2

Wurzel, Blüte, Stängel, Blatt, Knospe

1 Die Begriffe für die Pflanzenteile zuordnen und eintragen.
2 Nachschauen, wo Löwenzahn wächst. Ein Löwenzahnblatt abzeichnen.

Von der Pflanze zum Samen

Knospe

Blüte

verblühte Blüte

Pusteblume

Flugsamen

neue Pflanze

Schaue mit der Lupe.

1 Die Bilder von Seite 75 einkleben. Erzählen, wie eine neue Pflanze entsteht.

2 Flugsamen mit der Lupe anschauen und beobachten, wie er fliegt. Erklären, warum der Löwenzahn auch Pusteblume heißt.

MEIN TAGESLAUF

Ein Tag hat 24 Stunden

Der kleine Zeiger läuft zweimal um das Zifferblatt herum.
Dann ist ein Tag vorbei.

1

1 Uhr

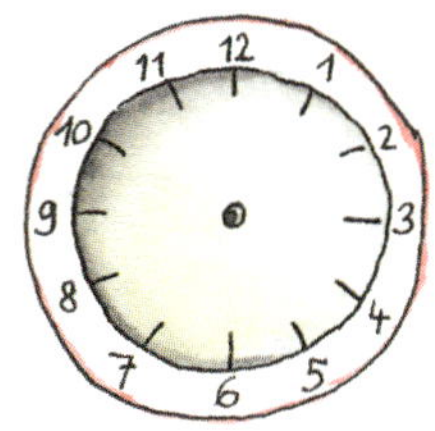

6 Uhr

9 Uhr

Von 0 Uhr nachts bis 12 Uhr mittags sind es 12 Stunden.

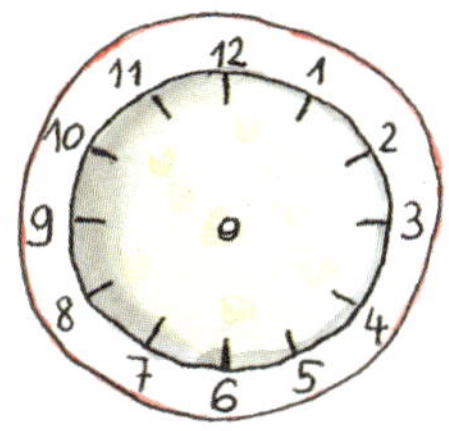

13 Uhr

18 Uhr

21 Uhr

Von 12 Uhr mittags bis 24 Uhr nachts sind es auch 12 Stunden.

Die Tageszeiten haben Namen

2

Morgen

Vormittag

Mittag

Nachmittag

Abend

Mitternacht

1 Uhrzeiten einzeichnen. Zeigerstellung und Zeitangabe der Analoguhren, die untereinander stehen, vergleichen.

2 Bilder von Seite 75 einkleben. Auf den Sonnenstand achten.

Ein Schultag

Morgen

Vormittag

Nacht

Mittag

Abend

Nachmittag

Eine Woche

Eine Woche hat ______ Tage.

1 Über den Ablauf eines Schultages sprechen. Bilder von Seite 77 einkleben.
Von Kindern erzählen lassen, wie ihr Schultag abläuft. Mit anderen Kindern vergleichen.

2 Darüber sprechen, was die Kinder an den einzelnen Tagen in der Woche machen.
Erzählen, was am Sonntag anders ist. Eintragen, wie viele Tage eine Woche hat.

SOMMER

1 Woran erkennt man, dass dies ein Sommerbild ist? Pflanzen, Tiere, Menschen beschreiben.

2 Alle Jahreszeitenbilder vergleichen.

Probier es mal aus!

1

Riesenseifenblasen-Rezept

1 Liter Wasser
5 Esslöffel Traubenzucker
2 oder 3 Esslöffel Neutralseife
1 Esslöffel Tapetenkleister

Vermische diese Zutaten in einem Wassereimer.

Biege aus Draht oder einem einfachen Kleiderbügel einen großen Ring. Umwickle den Draht mit einem Wollfaden.

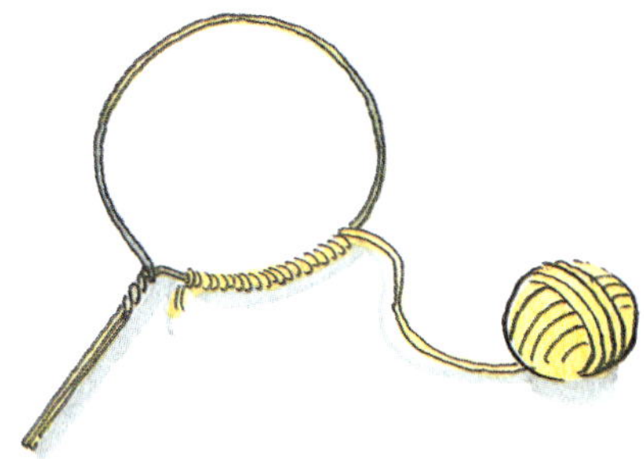

2 **Flaschenkegeln**

1 Riesenseifenblasen herstellen.
2 Spiel besprechen und spielen.

AUSSCHNEIDEBÖGEN

Zu S. 12

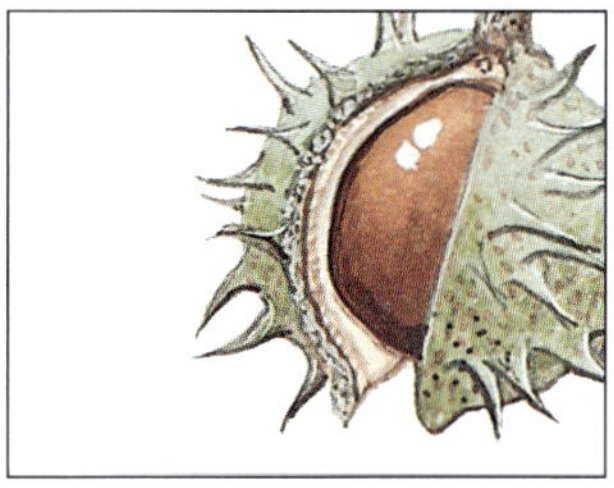

Zu S. 14

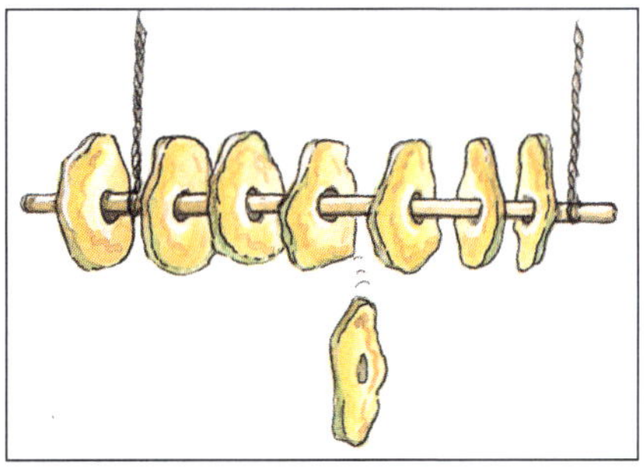

Zu S. 27

Zu S. 15

Zu S. 34

Zu S. 39

Zu S. 52

Zu S. 40

Jahreszeiten-Lotto:
Spielanleitung
siehe S. 77

Zu S. 41

Jahreszeiten-Lotto:
Spielanleitung
siehe S. 77

Zu S. 28

Zu S. 46

Zu S. 47

Zu S. 53

Zu S. 55

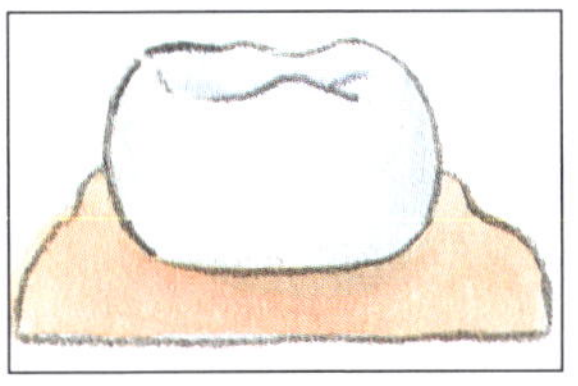

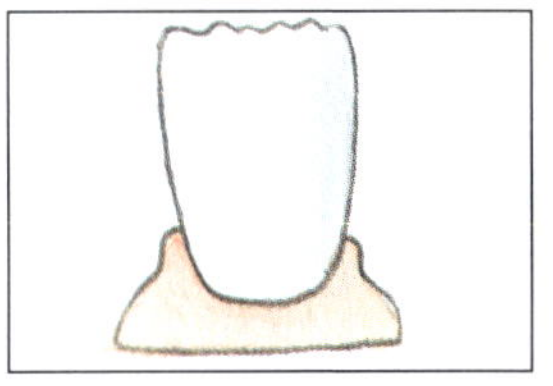

Zu S. 57

Zu S. 58

Zu S. 59

Spielanleitung zum Jahreszeiten-Lotto (S. 40/41):

Die Jahreszeiten-Karten auf S. 69 und S. 71 ausschneiden und mischen.
Einen Würfel bereitlegen.
Es können 4 Kinder mitspielen.

Jedes Kind hält alle seine Jahreszeiten-Karten in der Hand.
Ihr würfelt reihum. Wer eine 2 würfelt, darf eine seiner passenden Karten in das Feld „Herbst“ (auf dem Spielplan S. 40) legen. Bei der Augenzahl 3 darf eine passende Karte in das Feld „Winter“ (S. 41) gelegt werden, bei 4 in das Feld „Frühling“ und bei 5 in das Feld „Sommer“. Bei 6 darf noch einmal gewürfelt werden.
Wer nicht weiß, welche Karte in welches Feld gehört, darf auf den Jahreszeitenbildern im Heft S. 10/11 (Herbst), S. 32/33 (Winter), S. 48/49 (Frühling) und S. 60/61 (Sommer) nachschauen.
Wenn alle Felder vollständig sind, ist das Spiel beendet. Wer am wenigsten Karten auf der Hand hat, hat gewonnen.

Bausteine Sachunterricht Arbeitsheft 1

Herausgegeben von Beate Drechsler-Köhler

Erarbeitet von Gudrun Aulke, Wolfgang Haas, Gabriele Hinze, Werner Lüftner, Rainer Mues, Dieter Mutschler und Gisela Papstein

Auf der Grundlage von Bausteine Sachunterricht
Herausgegeben von Siegfried Buck
Erarbeitet von Gisela Buck, Siegfried Buck, Gabriele Hinze, Werner Lüftner, Siegfried Müller, Dieter Mutschler, Luitgard Schell und Helge Weinrebe

Illustrationen von Uta Fischer, Maryse Forget, Julia Ginsbach, Falko Honnen, Barbara Schneider-Rank, Gabi Selbach, Hans-Georg Schmaderer, Angelika Schuberg-Ahrens und Dorothea Tust

Abbildungsnachweis: S. 13 o.: Kathrin Reichel, Frankfurt a. M.; **S. 13 u.:** Werner Lüftner, Schlier; **S. 14 o.:** IFA-Bilderteam, Frankfurt a. M.; **S. 22 o.:** Kathrin Reichel, Frankfurt; **S. 23 o.l.:** Fotoagentur Helga Lade, Frankfurt a. M./J. M.; **S. 23 o.r.:** Kathrin Reichel, Frankfurt; **S. 23 u.l.:** Mauritius Bildagentur, Mittenwald/E. Gebhardt; **S. 23 u.r.:** The Image Bank/Benn & Esther Mitchell, Frankfurt a. M.; **S. 24, S. 25, S. 28 o.li.:** Werner Lüftner, Schlier; **S. 28 u.r.:** IFA-Bilderteam, Frankfurt/Lecom; **S. 29 o.l.:** Werner Lüftner, Schlier; **S. 29 o.r.:** Doris Jung, Stuttgart; **S. 30:** Werner Lüftner, Schlier; **S. 34 o.l.:** Bildarchiv Okapia, Frankfurt a. M./J. Bienert; **S. 34 o.** und **m.r.:** Bildarchiv Okapia, Frankfurt/Manfred Danegger; **S. 34 m.l.:** Bildarchiv Okapia, Frankfurt/Martin Partsch; **S. 44 o.:** Bildarchiv Okapia, Frankfurt/Christine Steimer; **S. 45 o.:** Mauritius Bildagentur, Mittenwald/IPS; **S. 46, S. 47:** Ulrike Schanz, Heimstetten; **S. 51 o.:** Bildarchiv Okapia, Frankfurt/Klaus Sudbrack; **S. 51 u., S. 54:** Werner Lüftner, Schlier; **S. 57 o.:** Bildarchiv Okapia, Frankfurt/K.G. Vock; **S. 57 m.:** Bildarchiv Okapia, Frankfurt/Herbert Schwind; **S. 57 u.l.:** Dr. Hans Peters Verlag, Hanau; **S. 57 u.r.:** Silvestris Fotoservice, Kastl/Daniel Bühler; **S. 73 l.:** IFA-Bilderteam, Frankfurt/Nägele; **S. 73 r.:** Werner Lüftner, Schlier; **S. 75:** Dr. Hans Peters Verlag, Hanau.

Alle Texte sind Originalbeiträge der Autorinnen und Autoren.

ISBN 3-425-**11061**-6

Bildungshaus Schroedel Diesterweg
Bildungsmedien GmbH & Co. KG
Verlag Moritz Diesterweg
Hedderichstraße 108–110
60596 Frankfurt am Main

Druck A 987 654 321 / Jahr 2007 06 05 04 03
Alle Drucke der Serie A sind im Unterricht parallel verwendbar,
da bis auf die Behebung von Druckfehlern untereinander unverändert.
Die letzte Zahl bezeichnet das Jahr dieses Druckes.

Redaktion: Andrea Weber
Herstellung: Kathrin Reichel
Layout: Raphaela Mäntele, Büro für Gestaltung, Heidelberg
Umschlaggestaltung: Raphaela Mäntele, Büro für Gestaltung, Heidelberg
unter Verwendung einer Illustration von Julia Ginsbach
Satz und Reproduktion: O & S Satz GmbH, Hildesheim
Druck- und Bindearbeiten: Freiburger Graphische Betriebe, Freiburg

Umweltschonendes Papier
weil
aus chlorfrei gebleichtem
Zellstoff